TODO LO QUE ODIAS DE TU SIGNO (Y TODAVÍA NO SABES)

LEO

TODO LO QUE ODIAS DE TU SIGNO (Y TODAVÍA NO SABES)

LEO

Una guía para sobrevivir a ti mismo

temas de hoy

170

Edición a cargo de Charas Vega
Corrección de estilo a cargo de Alba Armario

Desarrollo editorial: Anónima Content Studio
Redacción: Catalina Torres-Benjumea / María José Fermi
Cuidado editorial: Equipo Editorial Anónima Content Studio
Diseño: Anónima Content Studio / Lyda Sophia Naussán R.
Imágenes de interiores: © FreePik
Ilustración de la cubierta: Anónima Content Studio / Sheila Norma Alvarado Peña

Primera edición en español:
© 2023, Editorial Planeta Mexicana, S.A. de C.V.
Bajo el sello editorial DIANA M.R.

© Editorial Planeta, S. A., 2024
temas de hoy, un sello editorial de Editorial Planeta, S. A.
Avda. Diagonal, 662-664, 08034 Barcelona (España)
www.planetadelibros.com

Primera edición en esta presentación: septiembre de 2024
Segunda impresión: noviembre de 2024
ISBN: 978-84-19812-86-5
Depósito legal: B. 12.107-2024
Composición: Realización Planeta
Impresión y encuadernación: Huertas Industrias Gráficas, S. A.
Printed in Spain - Impreso en España

«No tenemos que avergonzarnos
de coquetear con el zodiaco.
Vale la pena coquetear
con el zodiaco.»
D. H. Lawrence

ÍNDICE

PRÓLOGO

La segunda madurez del elemento de fuego: mucha energía y encarada en algo en concreto. El león representa la realeza, el liderazgo, es el rey de la selva, el que da el rugido que hace temblar a todos los demás signos del zodiaco. Como buen león, le gusta mandar y que le hagan caso.

Leo es el quinto signo del zodiaco, es de fuego, representa el corazón y es un signo de modalidad fija. Pero, ¿qué significa esto?

Que sean el quinto significa que están en una especie de adolescencia eterna. Ya sabéis, esas ansias de querer ser populares y queridas por los demás no se les irán jamás.

La parte del cuerpo que les representa es el corazón, al igual que en el Mago de Oz. Leo es el más bravo, valiente, apasionado y con emociones desbordadas de todo el horóscopo y esto tiene que ver con ser del elemento fuego. Aman con mucha intensidad y de todo corazón.

Es un signo fijo. No les acaban de gustar los cambios, son como un gato: una mudanza o una ruptura suele trastocarlos muchísimo más que a otros signos. En el curro, si tienes un jefe Leo, seguramente será de los que van de majos y un día te dejan salir una hora antes.

Son muy generosos con los suyos, a veces demasiado; son de dar —y mucho—, pero, si no das de vuelta, se enfadan. Son gente que siempre invita, aunque si abusas de su generosidad el león rugirá hasta que aprendas la lección. Como buenos egocéntricos, los representa el astro rey, el Sol.

Les mola destacar. Quizá no son los más elegantes, pero su presencia fuerte y enigmática te deslumbrará. Por eso, si tienen que ser horteras, lo serán.

Entre sus muchos defectos (que nunca admitirán) están la soberbia, su poca humildad, el ego y el orgullo. Son de «estás conmigo o contra mí» y de no saber qué son los grises. Además, son un poco vagos. Leo, al final, es la realeza, y esto les hace ser un poco comodones.

Charas Vega (@charcastrology)

INTRODUCCIÓN

Todos hemos escuchado hablar de los horóscopos. Están en nuestra vida diaria, casi casi en nuestro ADN: que tu amiga comenzó a salir con un Piscis, que tu jefe resultó ser Leo o que por alguna razón eres muy organizada, y casualmente eres Virgo. Pero hay más que eso. La astrología influye en ti y tus relaciones con el universo en general.

En este manual para la vida te invitaremos a reconocerte en aquellas cosas que odias de tu signo (y todavía no sabes). Creemos que en la oposición están también las fortalezas; en reconocer lo que somos y lo que no. Hacer tuyo todo esto te hará mejor. ¿No es así, Escorpio? ¿Te suena, Acuario? Así que hemos recopilado todo aquello que no quieres reconocer y te lo hemos dejado bien clarito para que no te quepan dudas y puedas interactuar mejor con los demás y, por supuesto, contigo mismo.

Unas cuantas reglas de este universo

Te pedimos que dejes la lógica afuera —va para los Virgo—, y que después de leer esta guía analices tu vida e intercambies ideas y opiniones —sigue tu propio ejemplo, Géminis—. Lo que deseamos es que no te inventes historias en la cabeza; si eres Cáncer, ese mensaje es para ti, claramente. ¡Haz caso a las estrellas y déjate llevar!

Pero antes de empezar te pedimos que no dejes que nuestro tono sarcástico o nuestra ironía afecte tu sensibilidad, hay que tener sentido del humor en esta vida; hay que aprender de Sagitario. Nosotros hemos gozado escribiendo este manual de vida desde el humor negro. Primero, porque esa es una estrategia para afrontar mejor el estrés o algunos eventos críticos de la vida. Segundo, porque ayuda a reconocer que te equivocaste —toma nota, Aries—. Y tercero, porque simplemente es más divertido hacerlo así.

El escritor estadounidense Mark Twain —típico Sagitario— lo definió de este modo: «El ser humano solo tiene un arma efectiva: el humor». A lo que el poeta francés Jean de Santeul —otro Sagitario— añade: *Castigat ridendo mores,* es decir: «Corrige las costumbres riendo». Así que nos lo hemos tomado en serio y en esta guía te mostraremos un camino que va por ese lado.

LOS 12 SIGNOS DEL ZODIACO

Este no es uno de esos libros de horóscopos que romantiza la astrología y solo ve lo bueno de los signos, ese que ya tanto conoces y que has leído desde siempre. Aquí te vamos a decir «lo rudo» de los signos, por así decirlo: la verdad salvaje de cada uno, sin anestesia. Mejor dicho, este es un ANTIHORÓSCOPO: una guía de todo lo que no son, y que en realidad los pinta de cuerpo entero. Agarraos que allá vamos.

ARIES

21 de marzo–19 de abril

Aries, tú no conoces el límite. Con tu cornamenta lo empujas siempre para demostrar que puedes hasta con lo inalcanzable, incluso si acercarte a las llamas significa que puedas quemarte de vez en cuando. Eres puro fuego, pasión e impulso. ¿Ser uno más de la manada? Imposible. ¡Jamás! Tú no naciste para seguir al resto, sino para liderar.

Elemento: Fuego - **Regente:** Marte

TAURO

20 de abril–20 de mayo

Tauro, tú no naciste para sufrir. Eres un gozador nato. No entiendes cómo hay gente que no disfruta todos los placeres de la vida a cada momento, en cada instante. Aunque puedas parecer muy hedonista, la realidad es que —como buen toro— tienes los pies sobre la tierra. Eres confiable y estable. Eso sí, lo testarudo nadie te lo quita.

Elemento: Tierra - **Regente:** Venus

GÉMINIS

21 de mayo–20 de junio

Arriba o abajo. Blanco o negro. Amor u odio. Géminis, a ti el punto medio te da alergia. A ti lo que te gusta son los extremos, puedes pasar de un extremo al otro como quien cambia de ropa interior a diario. Te habita un par de gemelos que van a su estilo, los dos muy guapos, muy hermosos; ellos son los reyes de la calma y de las buenas bromas.

Elemento: Aire - **Regente:** Mercurio

CÁNCER

21 de junio–22 de julio

Cáncer, tú que odias la inestabilidad y las ambigüedades, siempre estás listo para zambullirte en el mar de emociones que es la vida. ¿Viene una ola de alegría? Ahí estás. ¿Viene una ola de tristeza o mal humor? ¡Caparazón, para eso te tengo! La intuición pocas veces te falla, por eso eres el consejero del zodiaco, aunque tu sensibilidad a flor de piel a veces te traiciona.

Elemento: Agua - **Regente**: La Luna

LEO

23 de julio–22 de agosto

Confiesa, Leo, cuando entras en una habitación piensas para ti: «Abran paso a su alteza, rey de la selva, primero de su nombre, señor de las constelaciones y protector de todo el reino zodiacal». Y es que naciste para brillar y liderar. Aunque a veces ese poder se te suba a la cabeza y reines en la oscuridad de tu propia soberbia.

Elemento: Fuego - **Regente:** El Sol

VIRGO

23 de agosto–22 de septiembre

Vamos a delatarte, Virgo. No hay nada que te saque más de quicio que te cambien los planes. Tú no dejas nada fuera de orden, eres amante de las hojas de Excel y las agendas. Si de último minuto te cancelan una cita, no hay poder humano que te haga aceptar otra. Tienes un espíritu eficiente y perfeccionista que no puedes con él.

Elemento: Tierra - **Regente:** Mercurio

LIBRA

23 de septiembre–22 de octubre

Que no te pidan enfrentar un conflicto o tomar una decisión radical, Libra. Tú eres el amo y señor de los matices. Te sientes cómodo moviéndote en un sinfín de tonos grises. Como buena balanza que eres buscas el equilibrio, pero sueles tener respuestas que no son «ni fu ni fa». Ahora bien, lo que te sobra de indeciso lo tienes de sobra en acto y espíritu conciliador.

Elemento: Aire - **Regente:** Venus

ESCORPIO

23 de octubre–21 de noviembre

Ni olvido ni perdón. Los que dicen que los monstruos no existen no te conocen enfadado, Escorpio. Y una vez que clavas el aguijón no hay vuelta atrás. No hay disculpa que sirva; «ojo por ojo y diente por diente» es tu ley. La memoria es tu aliada, pues tampoco olvidas los buenos gestos que otros han tenido contigo. Magnético y pasional, andar a tu lado es abrazar el misterio y saltar al vacío sin saber si el paracaídas abrirá o no.

Elemento: Agua - **Regente:** Plutón

SAGITARIO

22 de noviembre–21 de diciembre

No tener planes no es lo tuyo, Sagitario. Quedarte quieta o quieto, tampoco. Los días duran 24 horas, pero los tuyos tienen 30. Si no tienes nada que hacer, te lo inventas. Eres pura aventura, vives para intentar cosas nuevas: viajar a lugares desconocidos, degustar platos exóticos y probar cuanta posición en la cama tu cuerpo te permita.

Elemento: Fuego - **Regente:** Júpiter

CAPRICORNIO

22 de diciembre–19 de enero

Para ti, Capricornio, no existe peor pecado que no cumplir una promesa. La palabra es palabra; si no, azote. Tú ordenas tu mundo con una línea imaginaria que divide todo lo que está bien de lo que está mal y más les vale —¡y a ti también!— estar del lado correcto. Si la vida es una montaña, tú naciste para treparla y llegar a la cima, aunque cueste sangre, sudor y lágrimas.

Elemento: Tierra - **Regente:** Saturno

ACUARIO

20 de enero–18 de febrero

¿Seguir las reglas del juego? Eso nunca. Las pautas y normas no se inventaron para ti, Acuario. Tú estás lejos de ser casto y puro. Eres libertino y cuestionas hasta el cansancio. Buscas nuevos caminos para innovar y, ¿por qué no?, liberar todo aquello que consideras injusto. Lo que tienes de audaz e intrépido, también lo tienes de impredecible y esquivo.

Elemento: Aire - **Regente:** Urano

PISCIS

19 de febrero–20 de marzo

A ver si Piscis nos presta atención. Deja tu realidad paralela un segundo, por favor. Sabemos que no te gusta sentirte preso y que tu respeto por las convenciones es tan abstracto que dejas que todo fluya por otro lado. Si las cosas se ponen difíciles, te esconderás entre los corales; pero cuando estés preparado, ¡vaya!, saldrás a la superficie para dar un coletazo si te desafían.

Elemento: Agua - **Regente:** Neptuno

LEO

EL LÍDER CON BUEN CORAZÓN Y MAL GENIO.

ANIMAL

«¿Por qué el león es el rey de la selva si ni siquiera es el más fuerte?», se preguntarán los celosos. Y es que, Leo, tú eres el foco de envidias, rivalidades y mucha discordia entre toda esa inferioridad que existe en el mundo. No les prestes atención, que creaste una fama y te echaste a dormir, y no importa cuánto se esfuerce el mundo por demostrar que no eres tan fuerte ni tan brillante ni tan (lo que quieran), sabemos que el rey no necesita probar nada, solo naciste así. Perdona la ignorancia de los que se atreven a cuestionar ese porte majestuoso, esa melena hermosa y ese rugido imponente que demuestra quién es el que manda en esta villa del Señor.

El oro está muy bien, los bienes materiales, también, pero ser Leo es algo con lo que se nace... no existen los nuevos Leo, ni los que trabajan toda su vida para serlo. Somos muy desafortunados por no haber nacido tan brillantes como tú. Gracias por tu compasión.

CONSTELACIÓN

Nos hemos peleado con todas las abstracciones de los signos antes de llegar al tuyo porque no sabemos qué fue lo que se tomaron los que vieron las formas de las estrellas. La tuya ha sido la menos complicada dentro de nuestra limitada imaginación. Pero el caso es que a la hora de ver al dichoso león uniendo las estrellas se puede asociar la figura con un cuadrúpedo grande y poderoso —o una percha para la ropa muy torcida—. Aparte de poder ver una especie de león en la constelación, esta es una de las más famosas y fue reconocida por todos aquellos astrólogos griegos, árabes y babilónicos que escribieron sobre el firmamento.

Lo tienes todo para brillar desde antes de nacer o, mejor dicho, naciste en la constelación que te hace ser luz sin necesidad de focos.

SÍMBOLO

Esa melena tan voluminosa que tienes, Leo, solo emana belleza y buen gusto. Dicho esto, te contamos cómo fue la historia de tu símbolo.

A Hércules, hijo de Zeus, siempre lo quisieron muerto y por eso se lo pusieron difícil. Tanto es así que su primera tarea para ser reconocido como un dios fue matar al león de Nemea. Este león era por lo menos el triple de grande, el doble de fuerte, poderoso y además era precioso; «como yo», debes de estar pensando. Hércules solo tenía ganas de vencerlo, pero nadie dimensionó que las ganas le pueden al miedo —en todos los contextos posibles—. Así que llevó a la bestia hacia la cueva en donde vivía y, a base de ganas y fuerza bruta, lo estranguló con sus propias manos y se lo puso como una capa hecha a medida.

Entonces Zeus plasmó el recuerdo de ese animal hermoso en el cielo y lo nombró Leo, el rey de los animales, invulnerable y majestuoso.

PLANETA REGENTE

No, no, tú no compartes eso de los planetas, Leo. Tu astro es el Sol, no hay más, y que todos giren a tu alrededor. El astro rey representa la luz, la verdad, las profecías, el amarillo, el calor, el fuego... tal cual, eres luz y centro. Eres el corazón caminando y llenando de amor el mundo.

Por las buenas eres el mejor y lo que un mortal puede pedirle a la vida como regalo: una bolita de amor y entrega; el que mejor manda porque lo hace desde el humor, las buenas ideas y la empatía. A ti te dieron todo lo bueno, porque además eres apasionado, valiente, creativo, amas respirar y tienes pegada una bonita sonrisa en la cara.

Por las malas, en vez de calentar, incendias; tienes un genio espantoso, te vuelves engreído, melodramático y, lo más grave de todo, te enamoras de ti mismo, se te borra el mundo y la empatía desaparece. Cuando te sientes herido te pones muy terco, te enfadas porque las cosas no son exacta y precisamente como las quieres, te pones celoso y, como es tan difícil reconocer los celos, pareces más un actor de un drama griego que esa figura hermosa, perfecta e inalcanzable que es el Sol.

ELEMENTO

Todos sabemos que los signos de fuego son ardientes, dicen lo primero que piensan, son aventureros, independientes, viscerales, pisan fuerte... Pero no todo es tan maravilloso, ¿has visto que el fuego que calienta es el mismo que achicharra? Se dice mucho que los signos de fuego son apasionados, son personas brillantes, luminosas, pero a veces queman; el fuego que alimenta las pasiones es el mismo que incendia bosques enteros.

También naciste mandón, como Aries, pero tu fuego piensa un poco más —solo un poco—, no tienes ese deseo imperioso de mostrar que eres el más fuerte de todos ni de ganar las competiciones. Los reyes solo son reyes, no tienen que demostrarle a nadie que son los más grandiosos. No estás interesado en apagar tu llama haciendo lo que no te gusta, que lo hagan los pobres que nacieron estrellados, no tú.

El fuego en ti se evidencia en ser la estrella que aparece de la nada, el milagro bello de todos los eventos; tú no necesitas lentejuelas para brillar, eres elegante y exclusivo, el privilegio lo tienen los que se acercan, tú solito eres el gran invento que el mundo no debería perderse. Pero, querido león, a ti también se te olvida que aunque seas el Sol y centro de todas las vidas de los mortales, estos mortales también podemos tener diferencias y pensar distinto sin estar equivocados... Así, sin más. No queremos, de ninguna manera, ser irrespetuosos, no hay que confundir tener diferencias con un ataque al mortal orgullo.

No existe la posibilidad de estar equivocado y ¿pedir opiniones? ¡Jamás! Tú sabes siempre lo que haces, y si no lo sabes, lo disimulas a la perfección. Ya sabemos quién sigue siendo el rey.

PERSONALIDAD

¿QUÉ NO ERES, LEO?

Leo, tú no eres un extra. Es verdad, el mundo está lleno de líderes y nos alegra mucho que lo den todo; sin embargo, el líder natural del zodiaco eres tú. Es muy importante que todos lo sepan de una vez: eres al que se le rinde pleitesía y punto. Eres tranquilo y te llevas bien con todos, a menos que alguien quiera quitarte el foco, ¡con eso no se juega, todos deberían saberlo! Te gusta sentarte y ayudar a los terrícolas normales, esos que no mandan porque para eso estás tú. Te enorgullece mucho ser el rey de la selva.

No existes en la media, ni en lo normal

Eres grande, punto. Amas ser diferente, haber nacido con el Sol como tu aliado regente. Todo a tu alrededor es extraordinario, grande e importante; eres un acontecimiento en la vida de los mortales. Si te gusta alguien le das *like*, tu manera es ir al grano porque

¿quién se va a negar a estar con el rey? Cuando encuentras a esa persona merecedora de tu amor, te escribes su nombre en la frente para que todos sepamos que es tuya y de nadie más. Es una decisión que no tomas de la nada, tienes una lista de pros y contras, ya sabes que sois compatibles y hasta cómo se va a llamar vuestro primer retoño, porque donde pones el ojo, ahí es, y le vas a dar el privilegio a esa persona de ser tu elegida. ¡Aplausos para el rey!

¡Uuuy, de haber sabido que te despeinas, te echamos más gel!

Leo, en tus buenos días eres el Sol radiante que calienta la Tierra, adorable. En los malos, eres el mismísimo infierno de verano a 40° a la sombra, abrasas, achicharras y chamuscas. Tienes muy mal genio y tu segundo nombre podría ser con facilidad «Furias». Afortunadamente esos días no son tantos y, por lo general, te rodeas de personas que no te llevan la contraria. A menos que sea necesario, no te desgastas convenciendo a las personas, ¿para qué? ¡Pobres mortales!

El que no se altera por nada

Como tus compañeros de fuego, Aries y Sagitario, naciste líder, apasionado y sin paciencia. Pero que no se comparen, tú eres el más grande, sin ti no hay líder, no hay Sol y así nada puede brillar. Eres apasionado, el más romántico de tu elemento y también el más caprichoso y antojadizo, lo que quieres cuando quieres —o sea, ya—. Mandas porque naciste así, pero tienes un gran corazón y tu generosidad es casi infinita... Hasta que llega alguien que quiere aprovecharse y confunde tu compasión con que eres tonto, y eso no lo perdonas, es lo que más odias en el universo. ¡Los mortales pueden ser tan ciegos! ¿Cómo se atreven a equivocarse con el rey? Tú no soportas que te menosprecien.

Leo, al que no le gusta que le ordenen

Tienes una autoestima saludable y rellenita. Paseas sobre las nubes y todos reconocen tu andar de dios del zodiaco, la autoridad no se cuestiona. Disfrutas cada uno de los privilegios que tienes, aunque a veces ni te das cuenta de que lo son, al ser normales para ti.

El poder te llama y es lo que más te mueve, pero cuando te crees demasiado el cuento te vuelves insoportable. No aguantas que te digan lo que tienes que hacer, a veces hasta procrastinas lo que se te encomienda por rebeldía. Tanto es así que, si te mandan al baño a hacer pipí, no vas y no lo haces, aunque no puedas resistir más las ganas.

También te gusta ser abierto y claro con lo que piensas, no te gusta irte por las ramas ni en el trabajo ni en el amor... En realidad, nunca te andas con rodeos porque brillas demasiado.

En cuanto a las emociones, especialmente en el amor, eres muy dramático y es uno de los componentes de tus relaciones, después de todo eres una celebridad y es el precio de ser el centro de muchas galaxias.

DEFECTOS

Sin dotación de paciencia, eres el más bravo de los bravos, Leo. Eres rabioso cuando las cosas no te salen y en cada explosión hay cierta puesta en escena, porque los leones rugen cuando están furiosos y así eres, dramático. Necesitas audiencia para validar tus rabias, no tiene ninguna gracia rugir y no ser escuchado. ¡Prended esas luces! ¡Dirigid la frontal, la lateral y la cenital hacia Leo, que va a explotar! (y pobre del ser humano al que se le olvide decirle cuál es su mejor ángulo, ¡que huya despavorido!).

Eres muy terco y caprichoso, no te importan las consecuencias con tal de hacer lo que se te ha metido en la cabezota. Incluso se te olvida que no estás solo y que puedes hacerles daño a los simples mortales. Gatito mimado, fiera en reposo, te aconsejamos que te relajes y disfrutes de una siesta, que el mundo no se va a acabar si no se hace todo como tú mandas.

Aunque amoroso y dado a la gente, tu genio y terquedad pueden ser insoportables para los que no te adoren y difícilmente te lo perdonarán todo solo por ese pelaje encantador.

Con frecuencia crees que eres el único que tiene la verdad absoluta, por eso te cuesta un montón reconocer que te equivocas y el orgullo te hace pasar por odioso, obstinado y rígido como un palo; a veces un poquito de todo.

LO QUE TE HACE SUPERIOR

Amigo león, tú no necesitas que tus ideas sean alabadas como si cada una de ellas fuera algo parecido al descubrimiento de América. Por el bien de todos, te preferimos humilde. Y es que los demás no entienden lo genial que eres simplemente viendo el vaso medio lleno... ¡Qué falta de visión! Sabemos que eres inteligente, que naciste para contarnos tus buenas ideas y que las ejecutemos bajo tu supervisión. Muchos dicen que tienes complejo de superioridad, qué ignorantes son, porque eso significaría que te crees mejor que los demás y tú no lo crees, simplemente lo confirmas cada vez que respiras, es una realidad.

TU PEOR INSULTO

ADVERTENCIA: Esta parte del libro fue escrita con la mayor diplomacia y discreción para no herir susceptibilidades egocéntricas en ninguna de sus formas. Lamentamos mucho las molestias causadas.

- No hay nada que pueda herir más a un rey que ser ignorado, el golpe es absoluto, un *knockout* fulminante. Entonces, usas tantos encantos como te quepan en el cuerpo para agradar, enamorar y armar un séquito que aplauda hasta tus bostezos.
- Que abusen de tu generosidad con el tiempo, el dinero, el espacio, etcétera.
- Las mentiras pueden ser muy molestas para ti, pero que te desacrediten en público es un pecado de silla eléctrica.
- Que te pongan a caminar fuera de la alfombra roja.

«EL LÍMITE NO EXISTE»

No tienes tiempo para aburrirte ni para tener relaciones conflictivas que traten de dominarte o que aniquilen tus ganas de vivir. Te da mucha flojera tener que lidiar con seres poco evolucionados que no entiendan tu forma perfecta de relacionarte, Leo. Pero si esa persona te dice que eres el ser más genial que existe sobre la faz de la Tierra, no tienes defensa, sobre todo si se le sale la admiración por los ojos y te demuestra que gracias a ti puede respirar.

Es increíble que este león gigante, hermoso e inquebrantable se vuelva un gatito con una bola de estambre cuando lo halagan. ¡Ups, ya lo hemos dicho!

TU LADO *DARK*

Eres manso hasta que te sientes vulnerado, Leo. En vez de esconderte para recuperar fuerza, la sacas de... no sabemos dónde, y entonces sí que se acaba el mundo, porque de ahí en adelante enfermas de egocentrismo y de orgullo y no te importa pisarles la cola a los que estén cerca. Lo más importante es no perder la apariencia ni el poder. ¿Agachar la cabeza? Ni para anudarte los cordones de los zapatos.

Tu orgullo no es fácil de detectar, porque ante todo eres un líder y los líderes son bondadosos, pero se te sale el egoísmo por todos lados y en tu peor momento te vuelves cruel porque estás herido, y te duele, pero te sigues haciendo el fuerte.

ASESINOS EN SERIE

A Leo le flipa acaparar portadas de revistas y periódicos (a veces, a cualquier precio). No es un gran asesino en serie, pero cuando decide tomar este camino se convierte en la persona más maquiavélica que te puedas imaginar. Recuerda, Leo lo hace todo a lo grande.

Entre las muchas razones por las cuales Leo no tiene dotes de *serial killer* está su tendencia a ser un bocazas: si un árbol cae en un bosque vacío, para Leo no emite sonido; si Leo no puede contar cómo mató a tal persona, ¿para qué merece la pena matar?

Por otra parte, a Leo le gusta la vida cómoda y no mancharse las manos, y matar es mancharse las manos —literalmente—. Que si deshacerse del cuerpo, que si pensar en una coartada... Demasiado trabajo.

Eso sí, como cómplice Leo es mucho mejor, nada pesa más que ayudar a sus seres queridos y lo más seguro es que te eche una mano.

Elizabeth Báthory: Leo no mata, pero cuando mata, mata de verdad. Elizabeth, además de vivir una vida de lujo, mató a mansalva. Como es una leyenda, podemos advertir que la historia se ha exagerado un poco: que si mató a más de cien personas, que si se bañaba en la sangre de sus enemigos... No nos lo acabamos de creer, aunque viniendo de Leo tampoco sería una historia tan loca.

MODA

Los Leo son sin duda esas personas que entran en la habitación y no pueden parar de atraer miradas. Y, claro, la ropa es una clave muy importante para este efecto imán. Leo quiere ser percibido y llamar la atención.

Optarán por prendas apretadas y con transparencias sin dudarlo: Leo adora vestirse para salir de fiesta y tener una excusa para enseñar todo lo que quiera sin que le juzguen (aunque en realidad esto le importa poco).

Sus colores son los chillones: un rojo pasión o un fucsia no pueden faltar en su armario.

Otro factor importante para Leo es el pelo, el accesorio más importante a la hora de sentirse un buen león. Este signo sabe que con una buena melena puede redondear cualquier *look*.

PLAYLIST

Canciones Leo de artistas Leo:

- Dua Lipa — *Blow Your Mind*
- Charli XCX — *Guess*
- Jennifer Lopez — *I'm Real*
- Madonna — *Vogue*
- Kacey Musgraves — *High Horse*
- Led Zeppelin — *Going to California*
- The Rolling Stones — *Under My Thumb*
- Clairo — *Sofia*
- Phoebe Bridgers — *Savior Complex*
- Whitney Houston — *Greatest Love of All*

PERSONAJES FICTICIOS

Gigante, de *Doraemon*

Quiere tener la voz cantante y ser el centro de atención. Muchos Leo quieren ser cantantes y estar debajo de un foco, tengan talento o no.

El León, de *El Mago de Oz*

Además de ser literalmente un león, este personaje parece peligroso pero no lo es, es todo corazón. Aunque diga que le falta, todos sabemos que Leo es el signo del valor.

Sully, de *Monstruos S.A.*

Suelen tener mucho tacto con los niños y se encariñan en seguida de cualquier criatura que vean desvalida. Da miedo, pero es solo un gatito.

Skyler White, de *Breaking Bad*

Un signo muy incomprendido en sus decisiones, igual que Skyler por parte del público. Nadie es más protectora que una madre Leo y hará todo lo posible para salvar a su familia.

Rick Dalton, de *Érase una vez en Hollywood*

Leo nunca admitirá que ha pasado de moda y que es un actor acabado. Algo muy Leo de Rick es que se rodea de lujos y vive en su burbuja hasta el punto de no tener ni idea de que podría ser atacado por la secta de Manson.

Blair Waldorf, de *Gossip Girl*

Otra narrativa dentro de las Leo es la voluntad de no perder su trono y defenderlo ante cualquier amenaza (real o no). Y la gran popularidad y la apreciación del lujo y la comodidad... Además de una romántica empedernida, es una enorme sufridora.

PERSONAJES REALES

Madonna

No hay nada más Leo que decidir que nunca te vas a bajar de los escenarios (igual Mick Jagger, otro Leo de manual). A Leo dejar de ser las reinas y ceder el podio a las nuevas generaciones no les va. En el reino animal, o comes o te comen.

Kylie Jenner

La reina de los Leo del siglo XXI, igual que su hermana hace diez años. Kylie se posicionó como la multimillonaria más joven de todos los tiempos e incluso creó unos de los *trends* más populares y peligrosos de la historia de internet (si eres tan joven como para no acordarte, no busques el «Kylie Jenner *lip challenge*»).

Carlos Sobera

Si Leo tuviera que listar los mejores trabajos para él, en el top 3 estaría presentador de televisión. Tiene el magnetismo y el carisma para llevar *game shows* o programas de citas, y no puede evitar (solo a veces) eclipsar a los concursantes.

Meghan Markle

No me puedo imaginar un carrera más de Leo que comenzar siendo actriz y acabar siendo princesa para luego dejar de ser de la casa real pero seguir siendo una celebridad.

Alfred Hitchcock

Como no pudo coronarse como el mejor director de cine del mundo (aunque muchos así lo consideren), el bueno de Alfred decidió ser el rey del género del terror. Era un poco tirano en los rodajes y bastante ególatra. Un aspecto muy Leo: aparece en la mayoría de sus propias películas.

Benito Mussolini

Gran carisma y capacidad de liderazgo, aunque de la peor de las maneras. No seas Mussolini.

TUS MOMENTOS MÁS ODIOSOS

El encanto te sale por los poros, la luz que irradias es absolutamente cegadora, no hay nadie como tú. Aparte de ser inteligente y buen líder, tienes un corazón gigante y te encanta ayudar al mundo, por lo general desde tu punto de vista... Lo que se ve desde fuera es una persona con mucha necesidad de ser vista y que a veces roba el foco en los momentos menos indicados... Vamos, que brillas hasta en la sala de cine.

En cuanto a la ayuda, claro que la das, pero muchas veces no preguntas si los terrícolas la queremos, le vas poniendo el abrigo al otro porque eres tú quien siente frío. Nadie duda de tus buenas intenciones, pero nuestras abuelas bien dicen que «de buenas intenciones están llenos los panteones».

EL REGALO MENOS DESEADO

La exclusividad y que te hagan sentir como el rey que eres es fundamental. Los regalos deben tener tu nombre y apellido; tienen que estar diseñados a medida para ti. No existe algo peor que te den un vale de regalo, peor si es de una tienda a la que ni vas, y peor aún ¡si descubres que es el regalo que le sobró a tu amigo y te lo dio a ti sin pensar!

Otra cosa que detestas es un regalo que no tenga en cuenta tus gustos refinados y muy particulares. No tiene que ser de la marca más costosa, pero sí algo que te haga ilusión.

EL COLMO DE LOS COLMOS

Tus peores escenarios son no ser alabado y no ser visto. Cualquier situación que quepa en esta descripción es mortal, pero para que te dé horror vamos a darte un ejemplo concreto: es tu cumpleaños y, por supuesto, hay una megafiesta con miles de invitados. Todos te felicitan y tú brillas, sonríes y estás en tu zona de confort. De repente llega este indeseable, que no es más que un conocido, y aprovecha tu fiesta para pedirle a su pareja que se casen ¡delante de todos y sin tu consentimiento! Haciendo cuentas, en un par de segundos este ser ya no debe estar vivo ni en tu imaginación, y no estamos exagerando en absoluto.

HOBBIES QUE ABORRECES

- Ser un extra en una telenovela no tiene sentido.
- Ser uno más del coro de cualquier iglesia.
- Todas las actividades que no te hacen brillar, como montar rompecabezas o jugar al Tetris en una Gameboy *vintage* (no exageramos, 1989 pasó hace muchos años).
- Ser el mejor jugador de pelota vasca.
- *Scrappbooking*: el arte de crear libros a partir de trozos de otros materiales como fotos, telas, estampas, hojas secas, etcétera.

JAMÁS TE DISCULPARÁS POR...

Por nada, no importa si se sabe equivocado o si le duele perder amigos o parejas, un rey jamás se disculpará por ser él. Además, eres la perfección —claro, aquí entre nos, eres la perfección defectuosa, pero te enterrarán en tu ley sin retroceder—. No eres el que llega tarde, es nuestra culpa llegar temprano. Te pedimos el favor de no entrar en controversias con un Tauro, porque ahí morirán dos testarudos innecesariamente.

ANTIMATCH

Géminis

Este espíritu libre e indomable se empieza a sentir asfixiado hasta con un mensaje de texto temprano por la mañana. Imagínate lo que puede pasar si empiezas a marcarlo como tu territorio. Además, como parecen loritos hablando con todos los humanos, a ti se te crisparán los nervios porque no eres su única razón para respirar. ¿Qué pasaría si Géminis sale a todos lados pero no contigo? Te lo decimos por tu salud, Leo, no le hagas propuestas matrimoniales a menos que estés seguro de su amor, ¡ah, y él también esté seguro de su amor por ti!

Tauro

¿Qué podemos decirte que no sepas ya? Tauro y tú sois los más tercos de todo el zodiaco y él jamás moverá una pata para darte la razón. Además, no les gustan las aventuras ni que les cambien los planes de estar en el sofá con la comida más deliciosa y tomando el mejor vino. En cambio, el rey debe dedicarle tiempo al mundo para que lo puedan admirar, ¿cuándo en la vida se ha visto un rey sin séquito? Aunque no eres una mariposa, sí eres social y no soportarías estar por los siglos de los siglos sentado sin ser admirado.

Piscis

La escena de un gatito y dos peces puede denotar más un crimen que un amor eterno. A ti te gusta mandar y a Piscis probablemente le sea de su total agrado ser mandado y protegido por ti. El problema puede radicar en que estos peces dulces y sensibles acaben perdiendo la identidad y convirtiéndose más en un fan que en una pareja; sin embargo, aunque te encanta la idea de los seguidores, también te gusta tener conversaciones en las que tengas la razón con un poquito de esfuerzo.

AMOR

¿CÓMO ERES EN EL AMOR, LEO?

No eres reservado ni tienes vida privada, tu amor es de conocimiento público y tu pareja estará marcada y contramarcada para que no quepan dudas de que lo tuyo es tuyo, y aunque te lo quiten, solo será momentáneo. Mejor que ni lo intenten, porque van a ver cómo les sacas los ojos con una de tus miradas asesinas; tenemos que decirte, Leo, que no hay mirada más intimidante que la de un león cuidando su territorio. Cuando confías en tu pareja te entregas sin reservas, te vas con todo tu amor y no mides la intensidad con la que amas. Incluso puedes indigestar al humano que no sabe qué hacer con tantas manifestaciones al mismo tiempo, pero se acostumbran y quedan marcados para siempre. Una vez que conocen al rey jamás podrán amar ni ser amados de la misma forma. Leo, cambias la vida de los que tienes cerca, eres tan especial y amoroso que quedamos malcriados e incompletos si se llega a terminar la relación.

LO QUE NO HARÍAS NI POR AMOR

El amor te deja ciego y si eres el objeto de admiración del otro, no ves ni con el rabillo del ojo. De todos modos, que no esperen que seas el segundo. No, no y no, tu ADN no tiene el componente para que seas el segundo plato. Tu ser amado podrá ser quien más te haya gustado —después de ti mismo, por supuesto—, pero no juegas a ser el número dos. Tienes el orgullo tan grande que hay dos opciones: o peleas hasta tumbar al otro o te vas para siempre.

AHÓRRATE LA TERAPIA

Si ya estás de lleno en una relación, humildemente te dejamos estos consejos para que no tengas que ir a un psiquiátrico por amor:

- Ya tenemos claro que eres el Sol, que brillas más que todo lo que existe en la Vía Láctea. Aun así, pensamos que es importante que le preguntes a tu par si quiere brillar contigo. Hay personajes rarísimos que no quieren ser el centro de atención, y lo que para ti es una clara muestra de amor, para ellos puede ser un atropello a su intimidad. No quiere decir que no te amen, ni siquiera que deseen que dejes de brillar, solo que ellos están bien sin el foco encima.
- Regula el actor que llevas dentro, puedes estar molesto sin montar una escena dramática, no hay necesidad de exagerar las discusiones para que sean más válidas. Puedes ser un adulto y decir lo que no te gusta sin despeinarte y te sorprenderá lo funcional que es esto para arreglar los problemas en vez de terminarlo todo con un berrinche pasional.

¿CÓMO APLICAS EL *GHOSTING*?

Eres el mejor en la primera cita; tienes las mejores conversaciones, las miradas más seductoras, pero así como eres el mejor también exiges, y el examen de admisión a tu vida no está fácil de pasar. Si no te intriga, no pasa; si no se derrite de amor por ti y puede respirar normal, no pasa; si solo habla de sí mismo, descartado, porque el único al que le queda bien es a ti. Y si te empieza a mandar... ese será su fin antes de empezar.

TU MEJOR LIGUE PARA UNA SOLA NOCHE

Aries tiene la pasión, la energía y el fuego, con lo que podréis ahorraros un montón de camino. Con ellos no tienes que mentir, ni prometer amor eterno, pues tienen la piel muy dura y también les gustan las aventuras de una noche. Solo esperamos que no lo enamores por el bien de los dos.

TU AMANTE IDEAL

Eres apasionado y extrovertido, hasta ahí te cabe un Géminis..., pero tienes una necesidad de vivir ese romance único y especial, además quieres confiar y apreciar la belleza de la vida y para eso se necesita tiempo, y hasta ahí tu historia con los gemelos. Tu amante ideal es Libra, estas personas son sociables, encantadoras y están dispuestas a comprometerse para mantener una relación. Te admirará y te dejará ser, siempre y cuando le des espacio.

¿QUIÉN ES TU PEOR AMANTE?

Tauro, sin duda. Y es que no nos imaginamos cómo puede ser la pelea de ¿quién va encima y por qué no soy yo? O quién puede ganar en la discusión de si fue primero el huevo o la gallina... No, Leo, ahórrate las canas y admira su belleza desde una distancia prudente.

¿CÓMO NO ABURRIRTE, LEO?

Para ti lo más importante es que todos tengamos claro quién es el rey, si ese punto está claro podemos aguantar un poquito más. Pero lo que más te aburre en la vida es que otro hable de sí mismo sin parar y sin carisma, porque hasta para ser narcisistas hay que tener estilo.

COMO EX ERES...

Tienes un corazón bello, a ti los rencores no te desgastan porque ni siquiera piensas en el pasado. Con cierta normalidad haces daño a todo aquel con el que terminas porque es muy difícil que haya alguien más entregado, más leal y brillante que tú..., pero los dejas ir en buenos términos o se te borran de la cabeza si te han hecho daño.

PARA QUE TE SOPORTES

Leo, Leo... qué podemos decirte que no sepas ya. Bueno, sí podemos, corriendo riesgos, pero podemos. Ahí va:

- No eres el centro de la Tierra, aunque casi.
- Tampoco eres el único Sol del universo, ni la Tierra es plana (esto último se ve que vuelve a haber quien lo discute... En fin).
- Tienes un corazón bonito, especialmente cuando no está lleno solo de ti.
- Brillas solito, no tienes que gritar, ya te vemos... danos tiempo.
- Ve a terapia, tienes un genio espantoso.

DINERO

LEO Y EL DINERO

«Hay que guardar pan para mayo», dijo ningún Leo nunca, jamás. Pensar en la época de vacas flacas no va con tu capacidad de siempre ver el vaso medio lleno; por eso, ahorrar para cuando las cosas se pongan feas no está entre tus prioridades.

El dinero está para gastarlo: antes muerto que sencillo. Y aunque tus compras impulsivas, a veces innecesarias (no nos engañas tratando de justificarlas), pueden afectar a tu bolsillo, tienes buena estrella: tu dedicación te hace ganar dinero una y otra vez. Así que, a lo hecho, pecho, Leo. Eres derrochador, ¡y a mucha honra!

NI POR TODO EL DINERO DEL MUNDO

El que quiera morir que te diga qué es lo que tienes que hacer, Leo. Acostumbrado a mandar y tener siempre la razón —o eso es lo que quieres creer—, el camino emprendedor se te da de maravilla. Tienes talento y un olfato empresarial que pocas veces falla, además aplica para toda la ruleta corporativa. Y qué mejor que ser tu propio jefe, así evitarás rugirle a la gente cada vez que pierdas la paciencia.

Como a ti no te gusta brillar (guiño-guiño), te recomendamos una carrera de perfil bajo, que pase bajo el radar, que no te traiga reconocimientos. Podrías ser espía o agente secreto, ¿qué dices? ¿No? ¡No! Tú necesitas estar donde brille la luz de los focos y haya un público dispuesto a admirarte, ya sea como actor, bailarín, orador, músico, *influencer* o artista. O canalizas esa creatividad y necesidad de atención o tu mal humor nos devorará en 3... 2... 1. En el *backstage* también estarías bien como director, agente o mánager.

TALENTOS ESCONDIDOS PARA TRABAJOS IDÍLICOS

Y el Óscar al mejor anfitrión es para... ¡Leo! Es un hecho que para recibir a cualquiera en casa piensas hasta en el más mínimo detalle. Entre el orgullo que sientes por tu hogar y la generosidad con la que agasajas a quienes quieres, no hay forma de que un evento organizado por ti salga mal. ¿Nos invitas, porfis?

Si contar las mejores historias fuera un deporte, serías campeón olímpico. Tus grupos de WhatsApp VIVEN para escuchar tus cuentos. Y bueno, sí, sí... algo de exageración hay en ellos, pero ¿qué es la vida sin un poco de picante? Como gran cuentacuentos se te da genial el mundo de las relaciones públicas, la abogacía, la escritura, el periodismo, la publicidad y hasta el de la enseñanza.

¿EN QUÉ NO GASTAS TU DINERO?

«Y todos me miran, ♫ me miran, me miran... porque hago lo que pocos se atreverán ♫ ». La buena vida es para los valientes, y de eso, Leo, a ti te sobra. Hay quienes te llamarán derrochador, pero las medias tintas no son para ti: hoy estamos, pero mañana no lo sabemos, así que piensas permitirte todos y cada uno de los caprichos. Y eso que los tuyos son muy finos. En lo que menos piensas es en no gastar, Leo. Tú vives para los excesos y las compras innecesarias.

Pero si algo hace que dejes de lado viajes, ropa, joyas, libros, autos, experiencias *gourmet*, eso será ayudar a otro. Tu pareja, tu familia, tus amigos son una prioridad para ti. No escatimarás en ellos.

¿CÓMO INVIERTES, LEO?

Todo al oro. El lujo llama al lujo; por eso cuando de invertir se trata, su alteza Leo lo hará en bienes de categoría, como arte y joyas. Oro, piedras preciosas u obras de autores renombrados —o que a futuro subirán su valor— son opciones que te guiñan el ojo.

Spoiler alert: mantén tu fabulosa melena lejos de los casinos, a menos que estés buscando un *extreme makeover* que incluya salir trasquilado. Cuando hablamos de apostar, tu filosofía de «todo o nada» puede jugarte una mala pasada; si vas a arriesgar, primero cuenta hasta 10, respira y ¡sal corriendo!

PARA QUE TE SOPORTES

Ya sabemos que nadie te dice cómo hacer las cosas, Leo, pero nos vamos a atrever a hacerlo por el bien de la economía mundial.

- La competencia siempre es contigo mismo, sobre todo si lo aplicamos a la competencia en el trabajo. Así que baja el estrés, pues nadie te va a alcanzar jamás, y ponte a disfrutar, que para eso sí que eres bueno.
- Si fuera por ti ya estarías recibiendo el premio al Empleado del Año. Trabajador y obsesivamente perfeccionista; si algo se necesita hacer, que marquen el 1-2-3-L-E-O. Das y defiendes tu opinión sin problemas porque te encanta discutir —perdón, debatir— y casi siempre sales airoso. Pero cuidado, que ese ego de rey de la selva también suele jugarte malas pasadas.

- Las personas te siguen y te escuchan, ¿quién eres tú para decirles que no lo hagan? Si saben identificar lo que es bueno, ¿por qué espantarlas? Liderar te sale natural: tienes impulso, coraje y visión para llevar adelante grandes ideas. Si dices «rana», te dirán «yo salto». Simplemente no le des rienda suelta al pequeño dictadorcillo que llevas dentro: en ocasiones puedes ser intolerante con tu equipo.

SALUD

EL SOL, ASTRO ENERGÉTICO

La temperatura promedio de cualquier mortal es 37°, aunque a ti, Leo, la sangre te hierve con facilidad: si las cosas no salen como quieres, subes a 40°; si te ignoran, aumentas a 45°, pero si te contradicen y te señalan un error, ya no estás ni en 50 ni 60 ni 70... puedes llegar a achicharrarlo todo como el Sol. Por eso toca cuidarte el corazón y todo el sistema circulatorio (que —¡oh, sorpresa!— están vinculados a tu astro, el Sol).

Practica algún deporte e incluye alimentos ricos en magnesio, como nueces, alubias, soja, legumbres y manzanas. Híncale también el diente a alguna ciruela o a alguna pera para cuidarte la presión. Y aunque seas carnívoro de corazón, no te excedas con las carnes y el colesterol.

DEPORTES

«Lo importante es participar», dijo Virgo, porque tú, Leo, jamás. Si tú vas a hacer algún deporte es para demostrar que eres el mejor; eso de «lo importante no es ganar, sino competir» se inventó para los perdedores, aquellos que no tienen lo que se necesita para trabajar duro, sacrificarse y triunfar. Déjalos que se vayan a caminar o a jugar a los bolos, a pescar, hacer yoga o bailar

Si tú haces *running* es para correr un maratón; si juegas fútbol o voleibol es para salir campeón (o al menos para lucirte en el partidito y pintarles la cara a tus acompañantes). Puede que metas una caminata o una meditación en tu agenda, pero no estará marcado como deporte: eso es solo para calmar a la fiera que llevas dentro.

CUENTA HASTA 10, LEO

Ay, ay, ay... pobre del que se cruce con un Leo malhumorado; tocará persignarse y rezar: «Protégeme, Señor, con tu espíritu». El único con el poder de calmar a esa fiera eres tú mismo. Cada vez que sientas que estás a punto de clavarle los dientes a alguien sigue estos consejos dignos de domador de circo para quedar como un gatito de sofá:

- Ten siempre a la mano algún *snack* (nada como el mal humor de un león hambriento).
- Escríbele a ese amigo que siempre está dispuesto a escuchar tus quejas y desahógate para sacar la furia de tu sistema.
- Tómate una foto —o busca alguna que te guste entre las miles que tienes en tus álbumes— y publícala. Nada como recibir corazoncitos para recuperar el buen humor.
- Aplica la *comprateterapia*. Puede que no la necesites, pero te la mereces.

TUS FRASES MÁS ARROGANTES

- A mí nunca me dicen que no.
- Lo mejor siempre se hace esperar (cada vez que llegas tarde).
- No hagas que me enfade, que tengo hambre.
- Cuando lo hacía yo, quedaba mejor.

LO QUE TE QUITA EL SUEÑO

¿Has pensado en hacer un cambio de carrera? Netflix está buscando guionistas, y con tu capacidad para imaginar escenarios de locura, seguro que eres el perfil que necesitan para sus películas apocalípticas.

Has metido la pata ¿y ahora te toca pedir perdón? Ni se te ocurra ponerte el pijama, mejor ten un poco de insomnio de una vez y comienza a pensar cómo lo vas a hacer para aceptar que te has equivocado... Puede que te tome más de una noche.

Ni hablemos del ascenso que consiguió tu compañero de trabajo. O de cuando a tu *bestie* se le olvidó lo que le contaste y te lo volvió a preguntar. O, peor aún, cuando tu *crush* osó dejar de mirarte durante la cena para echar un vistazo al móvil... *Pesadilla en Leo Street*.

PARA QUE TE SOPORTES

ADVERTENCIA: Esto podría herir susceptibilidades leoninas. Lee ateniéndote a las consecuencias.

- Sabemos que nadie le dice a un rey qué es lo que hay que hacer, PERO bájate de tu trono un ratito, Leo, que hasta la realeza tiene asesores. Escucha los consejos de tus amigos, solo tú sabes las veces que no lo hiciste y volviste como gatito magullado.
- Tus berrinches te ponen en riesgo de autocombustión. Antes de que te prendas fuego —y no de la manera divertida— bájate una *app* de meditación, pon tu melena a remojar haciendo natación (aunque te aburras) o enciende un incienso de menta para quitarte el dolor de cabeza.
- Para ti, una buena salida de fiesta nocturna equivale a una semana de terapia en el diván. Ponte guapo, monta un plan con tus amigos y recárgate de energía luciéndote en la pista.

RITUALES EFECTIVOS

PARA MANTENERTE HUMILDE

Pues ¿para qué mentir? Si el mundo funcionara con un mando a distancia, tus manos serían las que estarían sosteniendo el mando, Leo. Pese a que sueles ser muy optimista, también sufres un caso extremo de catastrofitis, y lamentamos informarte que el planeta no va a explotar si las cosas no se hacen como tú quieres. Suéltales la presión a tus zarpas, límate las garras un rato y sigue este ritual para dejar de ser tan mandón:

- Ten varias bolsitas de confeti en casa.
- Cada vez que comiences a escucharte decir o pensar: «Esto se hace así», «Porque yo lo digo» o «Te estoy diciendo que me hagas caso», enciérrate en tu habitación, abre una bolsita y lanza el confeti al aire y trata de agarrar todos los papelitos antes de que caigan al suelo.
- ¿Viste cómo no pudiste atrapar ni la mitad? Pues lo mismo pasa con tus delirios de control.

PARA QUE SE ENAMORE PERDIDAMENTE DE TI

¿Una guía para que se enamoren de ti, Leo? ¡Qué insolentes! Tu porte, tu humor y tu impronta son más que suficientes para que cualquiera caiga rendido a tus pies. Pero ¿cuántos se quedan porque realmente te quieren y no porque te temen? Sigue estas pautas para asegurar una conexión honesta:

- Planea tu *outfit* con anticipación para no caer en tu eterna crisis de «no tengo nada que ponerme».
- Adelanta 15 minutos la hora de tu reloj, así no llegarás tarde.
- Tus mejores planes son los que salen sin mucho esfuerzo. No le des demasiadas vueltas a la velada, haz de lo simple algo especial.

- No te estamos diciendo que te conformes, pero baja un poco tus expectativas; ya sabemos que tienes una capacidad para idealizar que da miedo.
- Aprovecha el atardecer... la luz de la hora dorada te hace resplandecer.
- Háblale de ti, pero que no se convierta en una lista interminable de tus logros.
- No te desesperes si han pasado cinco minutos desde que os habéis despedido y todavía no te ha escrito.
- Mándale las fotos *random*, pero hermosas, que sacaste sin que se diera cuenta.

PARA QUE NUNCA ENFERMES

Es más fácil pedirle a Jennifer Lopez que deje de ser diva antes que tratar de apagar tu fuego. Para mantenerte saludable y aplacar tus llamaradas, no queda otra que hacerlas arder hasta la extinción con estos sabores picantes que te cuidan el corazón:

- Toma un poco de chile chipotle. Te quemará la lengua, pero también te bajará el colesterol en la sangre y te proporcionará antioxidantes. Te ayudará de paso a tener la vitalidad que todo rey de la selva necesita.
- Añádele jengibre a todo lo que puedas. Mejora la circulación sanguínea y es antiinflamatorio. A ver si te regulamos un poco la intensidad.
- Cásate con el limón y la canela. Regulan la presión arterial y protegen el corazón. Así también te protegerás de quienes abusen de tu bondad y buenas intenciones. Que no olviden que también eres un gatito.

OBJETO DE PROTECCIÓN

Cada vez que entras a un lugar casi se podrían escuchar las trompetas sonando para que abran el paso; música para tus oídos, ¿verdad? Pero ser el centro de atención tiene su precio: envidia, mal de ojo, drama, energía negativa... piensa mal y acertarás. Por eso ve buscándote ya tu serpiente china. La imagen de este símbolo oriental no solo te traerá suerte, sino que morderá a todas las malas energías que vayan en tu dirección.

Además, según el *feng shui,* la viborita activa tu determinación y tu fuerza. ¡Como si te hiciera falta!

TALISMÁN

Sin luz no hay vida y sin Leo, tampoco. ¿Se nos fue un poco la mano? Seguro que sí, pero es que tu fuego y tu esplendor les dan calorcito a todos aquellos que rodeas. Por algo el Sol —la fuerza vital del zodiaco— es tu regente y tu talismán.

Llevar al Sol contigo (ya sea en un colgante, un *sticker*, unos pendientes o hasta en un tatuaje) alimentará tu incansable energía e irradiará la abundancia que solo prospera bajo sus rayos. También te recargará de energías positivas y te va a dar claridad de pensamiento, lo que salvará a los demás de tus zarpazos.

AMULETO

Suéltate esa melena, querido Leo, y déjala brillar al Sol. El citrino, tu amuleto, es un cuarzo resplandeciente que conecta con los colores y el brillo de tu astro, el Sol. Por eso, ilumina tu estado de ánimo y aclara aquellas emociones o situaciones difíciles que te cuesta enfrentar. También es un imán natural para el éxito, la prosperidad y la abundancia; no es que lo necesites, pero una ayudita extra nunca viene mal.

Tenlo en casa, en algún lugar donde pueda recibir la luz del Sol. Si lo vas a llevar como joya, sí o sí tiene que estar enchapado en oro, o por lo menos en algún metal dorado con toda la pinta.

PRUEBA

TU PRIMER ELEMENTO

A continuación, un test para saber si eres un Leo de tomo y lomo. Una forma infalible para saber si estás alineada con tu signo solar. Cinco preguntas sobre tu personalidad que revelarán el verdadero león que eres (o no):

1. ¿Cómo eres en las relaciones?

A) Soy prudente y voy poco a poco.

B) Lo doy todo, me entrego sin reservas.

C) Soy un tanto fría, prefiero la estabilidad a la locura.

2. ¿Sueles hacer buenos regalos de cumpleaños?

A) Suelo hacer regalos genéricos pero acertados, como viajes o cenas.

B) Me encanta dar regalos y doy en el clavo porque me fijo bastante en los gustos de la gente. Mi *love language* tiene mucho que ver con hacer detalles.

C) No me gusta ni dar regalos ni recibirlos.

3. ¿Si pudieras reencarnarte en alguien de otra época, quién sería?

A) Sería yo misma, yo me quedo muy tranquila viviendo en la mejor época de la humanidad.

B) Un noble en el medievo, disfrutaría del lujo de forma absoluta y mandaría todo el rato.

C) Un científico en el siglo XIX que patentó cosas increíbles.

4. ¿Sueles pedir perdón tú primero en las discusiones?

A) Las pocas veces que pierdo la batalla de la razón.

B) Nunca y he dejado morir relaciones por eso mismo.

C) Siempre, no me gustan los conflictos.

5. ¿Si fueras presidente cómo te vería la gente desde fuera?

A) Un buen presidente, de aquellos que no lo hacen ni bien ni mal. Lo importante es la pasta que se gana.

B) Sería un presidente carismático y con don de habla recordado con mucho cariño. Las abuelas me votarían porque sería la nuera perfecta.

C) Sería recordada por ser justa, no hablaría, actuaría.

RESULTADOS

A: No puedes ser Leo, quieres una vida normal y austera muy fuera del foco de las miradas.

B: Eres tan Leo que muerdes. Un apasionado de la vida y de los lujos. Te gusta ser detallista, generosa y carismática. Un Leo como una catedral.

C: No eres apasionado en las relaciones desde el principio ni tienes problemas con tu orgullo, muy poco Leo por tu parte.

TU SEGUNDO ELEMENTO

Es posible que hayas nacido Leo, pero todas las variables de tu carta astral te hacen tener matices que no te cuadran con algunas descripciones de tu signo. «Ya decía yo que todo esto no es cierto, me engañaron, esto se lo inventaron...» ¡PARA! Respira. Lo que queremos decir es que es posible que tu personalidad tenga influencias de otros elementos y eso significa que no todo es blanco o negro a la hora de ser humano, y esta prueba te puede ayudar a conocerte mejor, saber cuáles son esas pizcas de los otros elementos que te hacen único y también te ayudan a entender de dónde salen esas actitudes poco fogosas, pero que son tan naturales en ti. Leo, ya sabes que tienes el fuego dentro. Te lo dice tu elemento, pero ¿sabes cuál es el otro elemento que predomina en tu vida o eres pura candela?

Esta prueba está diseñada para que evalúes la porción que tienes de cada elemento y puedas equilibrar lo que te gusta y lo que no; averiguar de dónde salen esas reacciones tan poco leoninas o, por el contrario, confirmar que eres fuego hasta la médula. Asigna un punto por respuesta positiva. Y si no eres ni uno ni otro, pues asigna medio punto por respuesta.

	SÍ	NO	A VECES
FUEGO			
¿Vives la vida a lo grande, sin reservas, sin importar lo que pase a tu alrededor?			
¿Eres auténtico, directo, dices lo que piensas y no dejas que nadie se imponga sobre ti?			
¿Eres el líder natural de todos tus círculos por ser el que planea, motiva y, a veces, manda hasta sin darse cuenta?			
Si alguien te cuestiona, ¿haces todo lo posible para demostrar quién es el que manda?			
¿Es inevitable para ti pensar que tu felicidad es lo más importante del «mundo mundial» y todo lo que se interponga entre tu felicidad y tú debe ser eliminado?			
Cuando hablas, ¿tienes un impulso descontrolado y dices todo lo que se te pasa por la cabeza sin pensar en las consecuencias?			
TIERRA			
¿Tus acciones son gobernadas por la lógica y no permites que los sentimientos interfieran en tus decisiones?			
¿Tienes síndrome del árbol? (Quieres sentarte en la misma silla, ordenar las cosas de igual manera en todos tus asuntos, es difícil pensar en una mudanza o en cambios drásticos repentinos.)			

	SÍ	NO	A VECES
¿Te gusta más tener un recuerdo físico y palpable que una loca experiencia?			
¿Eres apegado a tus pertenencias y podrías dedicarte a ser un coleccionista profesional?			
¿La disciplina es una característica fundamental para tener éxito en cualquier aspecto de la vida? (Hasta para la diversión creas reglas.)			
¿Podrías anteponer tu bienestar laboral a tu vida personal o tus gustos?			
AGUA			
¿Tus sentimientos mandan en tu vida? (Mejor dicho, ¿eres *drama queen?)*			
¿Piensas que nadie puede entender lo profundo de tus sentimientos?, ¿que los demás no sienten igual?			
¿Te es más fácil llorar que anudarte los cordones?			
Y aun con lágrimas en los ojos, ¿sientes que puedes con todo y que nada puede destruirte?			
A la hora del amor, ¿eres un romántico empedernido y tu pareja se convierte en el centro de tu vida?			
¿La palabra *infidelidad* te suena rarísima y no sabes ni siquiera cómo alguien puede pensar en otra persona que no sea su pareja?			

	SÍ	NO	A VECES
AIRE			
¿Tu gran pasión está en cómo puedes decir o entender todo lo que pasa a tu alrededor?			
¿Eres el alma de la fiesta y respiras vida social?			
¿Calculas todo, piensas demasiado y, muchas veces, esos pensamientos no llegan a concretarse?			
¿Puedes sostener una conversación de lo que sea, con quien sea, sin ningún tipo de problema?			
¿Solamente pensar en que vas a estar en el mismo lugar durante mucho tiempo te pone la piel de gallina y sientes horror?			
Cuando hablas con personas, ¿a menudo te dicen que se sienten comprendidas?			

¿Cuál fue tu mayor puntuación? Suma los puntos y descubre tu resultado en las siguientes páginas.

RESULTADOS

Mayoría de fuego

Lo dicho, el fuego se te sale por los poros. Una cama no será jamás tu lugar ideal para una noche de revolcón; la lentitud es tu kriptonita, vives alimentado de pasión y energía. Tienes una personalidad fuerte que se compara con el Sol: a veces calientas y otras chamuscas. Te gusta vivir al límite, y te concentras con tanta intensidad que muchas veces no te das cuenta de qué pasa a tu alrededor o a quiénes pueden hacer daño tus actos.

Los signos de fuego son: Aries, Leo y Sagitario.

Mayoría de tierra

Qué bien que tengas un poquito de tierra, porque andar por la vida solo quemando al mundo puede ser sinónimo de andar pidiendo perdón y ya sabemos que esa palabra es como chino avanzado para ti.

Tu carácter es fuerte y sólido; a diferencia del fuego, a ti no se te pasan tan rápido los problemas, pero no haces un escándalo por eso. En la cama prefieres un toqueteo más largo y te tomas tu tiempo para calentar las cosas, no tienes prisa y lo disfrutas todo lentamente. Eres estable y disciplinado —al menos en tu forma de pensar—. Tu cabeza nunca visita las nubes, tienes los pies firmes en el suelo. El sentido de propiedad privada trasciende a las personas, por lo que eres propenso a los celos. Eres cuadriculado en tu forma de pensar y eso se traduce en que eres muy terco.

Los signos de tierra son: Tauro, Virgo y Capricornio.

Mayoría de agua

Nos vas a perdonar, pero no sé cómo lo haces para estar vivo en medio de estos dos elementos. Por un lado, ruges y lo calientas todo y a todos, y un segundo más tarde estás sonándote los mocos por la belleza de las mariposas volando. Por una parte, tienes el instinto —fuego— arrebatado y luego, sin importar lo que pase, vuelves a tu esencia, a sentirlo todo con mucha intensidad: el amor, la alegría, el odio, la frustración. Tus reacciones pueden ser en extremo dramáticas cuando se trata de los sentimientos. En la cama tienes la lujuria potente de Escorpio, que de agua mansa pasa a ser ese huracán rugiente que deja sin aliento y liberado de energía.

Los signos de agua son: Cáncer, Escorpio y Piscis.

Mayoría de aire

Lo que hace que el fuego crezca es el aire. Esta combinación poderosa no tiene límites. Si se mezcla el aire con el fuego lo que obtendrás es una llama creciendo sin medida; las embestidas feroces y diferentes son lo que hace a esta pareja de elementos una combinación muy poderosa. Claro que si no está equilibrado, el aire te puede apagar la llama y convertir esa energía fuerte en un discurso pegado con saliva. El aire puede potenciar todas las características de tu fuego leonino o te apaga y te vuelve tierno. No toleras el aburrimiento, la vida es una sola y no es para aburrirse por nada ni nadie. Eres el más rápido para pasar página, los traumas duran lo que te acuerdes (más bien poco).

Los signos de aire son: Géminis, Libra y Acuario.

Querido Leo, después de todo lo que hemos dicho en este libro, de cómo hemos descrito y desvelado los más íntimos secretos de tu personalidad (eso que ni a ti te gusta admitir o que no habías notado de manera consciente), creemos que esta prueba te ha enseñado que no debes ser tan inflexible con los extremos, sino que hay una enorme escala de grises en medio.

Ya que has sobrevivido a esta cantidad desproporcionada de verdades sin adornos, piensa en este libro como un manual de consulta al que puedes volver cada vez que se te olvide lo testarudo, impaciente, fogoso, bondadoso, fuerte y rápido que eres. Si te gustan los secretos del horóscopo, seguro que te gustará conocer más de tu ascendente, tu Luna, y cómo entender las piezas que no te encajan del todo. Si es así, no dudes en consultar los otros signos para acabar de soportarte a ti mismo.

GLOSARIO

Planeta regente, Mercurio retrógrado, signo ascendente... Respira hondo y no te desesperes. Hemos preparado un glosario para que entiendas mejor los términos.

Signo solar

El que le preguntas a tu *crush* y que siempre consultas en el horóscopo. Se define teniendo en cuenta en qué constelación se encontraba el Sol en el día y mes en que naciste.

Carta astral

Es la «foto» de cómo estaba el cielo aquel preciso instante en el que naciste. Con ella conocerás la posición exacta de los planetas: tu signo solar, tu ascendente y descendente, así como características únicas.

Signo ascendente

Representa la forma en la que te acercas a la vida y cómo te perciben los demás. Se define teniendo en cuenta qué signo asomaba por el horizonte al momento de nacer. Para saber cuál es el tuyo necesitas tu carta astral.

Signo descendente

Tu signo descendente —al ser el opuesto a tu ascendente— representa a tu posible compañero de vida. Calcúlalo de forma fácil: están a seis signos de distancia uno del otro. Conocerlo te ayudará a entender mejor a tu pareja y lo que buscas o encontrarás en ella.

Mercurio retrógrado

Este fenómeno se da cuando este planeta pareciera quedarse quieto e ir en retroceso, en «retrogradación». Y como Mercurio es el responsable de la comunicación, los malentendidos y desacuerdos están a la orden.

Planeta regente

Cada signo del zodiaco vibra de forma particular con un planeta del sistema solar o sus astros, y esa afinidad energética es la que define el planeta correspondiente a tu signo.

Elementos

La tierra, el fuego, el aire y el agua son los cuatro elementos de la astrología, y cada signo del zodiaco está relacionado con uno de ellos. Los signos de tierra son cuadrados y confiables. Los de fuego son pura chispa y energía. Los signos de aire son visionarios y rápidos de pensamiento; y los de agua destacan por su intuición y sensibilidad.